AF321506

A LA CONVENTION NATIONALE.

PÉTITION

De Citoyens Propriétaires & autres Habitans de la Commune de Quimper, Département du Finiſtère, ſur la Loi des 23 & 27 Août 1792, qui abolit la Tenure convenancière, ou à Domaine congéable, dans les Départemens du Morbihan, du Finiſtère & des Côtes du Nord.

CITOYENS REPRÉSENTANS,

UN des grands avantages de la Liberté, & peut-être le plus eſſentiel, eſt ſans contredit que chaque individu a le droit d'éclairer le Gouvernement & de l'avertir de ſes erreurs, d'autant plus inévitables dans un vaſte état, qu'il y a plus de gens intéreſſés à le tromper.

Sur ce principe, une foule de malheureux propriétaires ſe propoſoient de réclamer contre une Loi ſurpriſe à l'Aſſemblée légiſlative, qui ruine au moins vingt mille pères de famille, ſans aucun avantage pour la République, & qui

A

au contraire lui fait perdre plus de cent millions ; c'eſt la Loi des 23 & 27 Août 1792 , qui abolit la Tenure convenancière ou à Domaine congéable dans les Départemens du Morbihan , du Finiſtère & des Côtes du Nord , Loi qui eſt une contravention formelle aux articles 4 , 16 & 19 , de la déclaration des droits de l'homme & du citoyen.

Les grands intérêts qui ont occupé les premiers tems de la Convention nationale , ont retardé ces réclamations ; la terreur enſuite qui cauſoit une eſpèce de ſtupeur , les a empêchées , & l'on attendoit un tems où la Liberté ne ſeroit pas un vain nom , une chimère.

A préſent que nos armées triomphent par-tout , que votre ſageſſe & votre énergie nous ont délivrés des tyrans , & qu'on peut avec ſécurité réclamer la juſtice , nous croirons avoir bien mérité de la République , ſi nous ſommes les premiers à vous mettre en état de réparer une injuſtice auſſi criante , en rapportant cette Loi déſaſtreuſe des 23 & 27 Août 1792.

Pour y parvenir , nous allons expliquer exactement ce que c'eſt que le Domaine congéable , & qu'elle a été ſon origine ; cette explication eſt néceſſaire , parce que n'étant en uſage que dans une partie de la ci-devant Bretagne , très-peu de Députés le connoiſſent.

Nous ferons voir enſuite que cette Tenure n'eſt qu'une eſpèce particulière de ferme , dont l'origine eſt fondée ſur les conventions les plus libres & les plus légitimes ; qu'on en a impoſé à l'Aſſemblée Légiſlative , quand on lui a dit qu'elle participoit de la nature des fiefs ; qu'elle eſt très - avantageuſe aux Domaniers , & beaucoup plus favorable à l'agriculture que les ſimples fermes ; que ſa ſuppreſſion fait perdre plus de cent millions à la République , & nuira néceſſairement au commerce & à la circulation des grains; que les habitans de nos campagnes la regretteront ; enfin que cette loi eſt une violation de propriété, que l'autorité peut bien ſe permettre , mais dont aucune puiſſance n'a le droit.

Mais auparavant , nous croyons devoir propoſer à la ſageſſe de la Convention Nationale , d'examiner ſi à l'époque des 23 & 27 Août 1792 , l'Aſſemblée Légiſlative avoit bien le droit de porter une pareille loi.

Elle avoit appelé une Convention , elle avoit déclaré qu'elle ceſſoit toutes fonctions Légiſlatives , & ne s'occuperoit plus que de décrêts de circonſtances & de police générale , que de ce qui pourroit intéreſſer le ſalut de la Patrie ; cependant dans un moment où le plus grand nombre des Députés n'aſſiſtoit plus aux ſéances, & où la très-majeure partie de ceux qui reſtoient, n'avoit aucune connoiſſance de la nature du domaine congéable , on lui fait rendre d'urgence , ſans nulle diſcuſſion, un décret de cette importance ! D'urgence ! Dans une matière qui n'intéreſſoit qu'un très-petit point de la République ; & ſans aucun examen , ſans aucune diſcuſ- ſion, on ruine ainſi plus de 20 mille pères de familles ! Elle auroit donc pu décréter auſſi légèrement la loi agraire !

Cette circonſtance ſuffira ſeule , ſans doute , pour détermi- ner la Convention Nationale à examiner ce décret dont elle reconnoîtra certainement, & réparera l'injuſtice.

Le domaine congéable eſt un contract ſinallagmatique , par lequel le propriétaire d'un terrain, ſoit en friche , ſoit déjà cultivé, l'afferme pour 9 ans pour un prix annuel convenu , ſoit en argent , ſoit en grains & denrées, & aux condi- tions ſuivantes.

A ij

Si c'eſt un terrain en friche, le preneur ſe charge de le défricher & mettre en valeur , de faire tels logemens & édifices que bon lui ſemble ou qu'il eſt ſtipulé par le con-tract , avec faculté d'y faire des clotures, qui dans la ci-devant Bretagne ſe nomment foſſés , & ſont des élévations de terre à la hautenr de 5 à 6 pieds , ſur 3 , 4 à 5 pieds de largeur , ordinairement bien garnis de bois courans qui ſe coupent tous les 9 ans, [1] & ſur leſquels on plante , ou on laiſſe croître quelques arbres de futaie. de diſtance en diſtance ; le preneur a la diſpoſition des émondes de ces arbres , & de ceux qui ſont en dedans des clotures , ſans pouvoir néanmoins les couper par pied ; il a auſſi la faculté de faire des jardins , des vergers , & d'y planter toutes eſpèces de fruitiers , & toutes ces améliorations lui appartiennent juſ-qu'à ce qu'il n'en ait été rembourſé.

Le propriétaire qui , comme l'on voit , n'a fait qu'affermer le fonds , & qui ſe réſerve les bois de futaies , que par cette raiſon l'on appelle bois fonciers , s'oblige à ne pouvoir con-gédier le preneur , même après l'expiration des 9 ans , ſans lui rembourſer , ſoit à l'amiable , ſoit à dire d'experts , toutes les améliorations qu'il y aura faites.

Si c'eſt un terrain déjà cultivé , le propriétaire qui retient toujours la propriété des bois, afferme le fonds, comme ci-

---

(1) Ces foſſés ſont inconnus ailleurs que dans la ci-devant Bretagne , où ils ſont néceſſaires pour garantir les moiſſons des vents de mer , qui y ſont très-fréquents & très-nuiſibles ; l'immenſe quantité des bois courants que ces foſſés produiſent , ſert au chauffage tant des campagnes que des villes , & fait une grande épargne des bois de haute-futaye , ſi néceſſaires à la conſtruction dans des Départemens qui ont tant de ports-de-mer.

deſſus pour neuf ans , pour un prix annuel convenu , ſoit en argent, ſoit en grains & denrées , & luï vend en outre les logemens & autres édifices , les foſſés , les bois courans & les émondes des arbres qui ſe trouvent ou qui croiſſent ſur les foſſés & en dedans d'iceux ; les fruitiers qui ſont dans les jardins & vergers , & ceux qu'il y voudra planter , & ſe réſerve néanmoins la faculté de le congédier à l'expiration du bail qui eſt toujours de 9 ans, en lui rembourſant, ſoit à l'amiable , ſoit à dire d'experts , la valeur actuelle de tout ce qui lui appartient. Les choſes ſujettes au rembourſement ſont les maiſons, écuries , étables , crêches , granges , aires ; murs de clôtures, pailles , fumiers , engrais , foſſés , bois courants, émondes , fruitiers , genêts & landes , & s'appellent édifices & ſuperfices , ou droits réparatoires ; le preneur eſt appelé colon, ou domanier , ou convenancier , & l'on nomme Tenue ou Convenant , un héritage ainſi poſſédé à Domaine congéable.

Il y a quelques héritages ainſi tenus , où il n'y a pas d'habitations ; on les nomme Tenues ſans étages , ou par dehors , & Tenues étagères ou logées, celles qui ont des habitations ; ce ſont les plus ordinaires , les tenues ſans étages ſont en petit nombre.

On ſent bien que le prix de la ferme n'eſt point en proportion de l'étendue du fonds , & qu'il eſt toujours très-modique, tant à cauſe des avances du preneur, que des commiſſions que le propriétaire eſpère à chaque renouvellement de bail, dont nous parlerons bien-tôt ; il n'eſt pas rare de voir des tenues qui ne payent pas 30 livres de ferme, qui ont 40 , 50 arpens & au delà.

Si le domanier ne veut pas ſe laiſſer congédier lorſque ſon

bail eft près d'expirer, il s'arrange avec le propriétaire qui, moyennant une fomme convenue qu'on nomme commiffion, lui donne une nouvelle affurance pour 9 ans, ce qu'on nomme baillée ; & l'on voit des tenues ainfi poffédées de père en fils depuis des fiècles, par des renouvellemens de baillées ; il en eft auffi qui fans renouvellement, font également poffédées de père en fils, de temps immémorial , ce qui arrive quand le prix de la ferme n'offre pas un avantage à faire envier la tenue par un autre colon.

Mais fi le domanier ne s'arrange pas avec le propriétaire, celui-ci eft le maître de le congédier, foit par lui-même , foit par un tiers à qui il accorde la baillée.

On voit par cette explication que cette tenure eft une efpèce particulière de ferme , & en a tous les caractères ; nulle tradition du fonds, réferve des bois de futaye, terme de 9 ans , tacite réconduction , faculté au propriétaire d'augmenter le prix de la ferme ou de la commiffion à chaque renouvellement de de bail ; la feule différence eft que dans les fimples fermes , le fermier n'acquiert rien , au lieu qu'en domaines congéables, le colon acquiert les droits réparatoires, à réméré ou rachat perpétuel ; mais auffi le fermier n'a-t-il rien à prétendre pour toutes les améliorations qu'il a pu faire pendant le cours de fon bail , au lieu que le domanier eft rembourfé de toutes les fiennes, fi on veut le congédier.

La plus grande partie des moulins dans la ci-devant Bretagne eft affermée à des conditions pareilles , ce qu'on nomme à grand renable ; le meunier paye en entrant tous les uftenfiles du moulin généralement , & eft chargé de toutes les réparations, & à l'expiration de fon bail , le propriétaire ou le fermier qui lui fuccède , les lui rembourfe à dire d'experts ; on n'a jamais reclamé contre ces fortes de fermes qui ont toujours été trouvées très-légitimes.

» Le droit de propriété eft celui qui appartient à tout » Citoyen de jouir & difpofer à fon gré de fes biens , de » fes revenus, des fruits de fon travail & de fon induftrie. » *Article 16 de la déclaration des droits de l'Homme & du Citoyen.*

Il faudroit rayer cet article de la déclaration des droits de l'homme , fi la tenure convenancière, telle que nous venons de l'expliquer, n'eft pas légitime & fi elle renferme quelque vice ; en effet, le propriétaire y difpofe à fon gré de fon bien, & le preneur y difpofe à fon gré du fruit de fon travail & de fon induftrie, & l'on verra bien-tôt que c'eft à l'avantage de l'un & de l'autre, mais plus à l'avantage du preneur.

Cette tenure eft de ces pratiques immémoriales , dont l'origine fe perd dans les fiècles les plus reculés de la Nation Bretonne.

L'opinion la plus commune & la plus vraifemblable eft que les premiers Bretons qui abandonnèrent leur ifle pour venir s'établir en Baffe-Bretagne, dans le quatrième fiècle , y obtinrent ou s'emparèrent à titre de premiers occupants , de terrains qui n'étoient que forêts, & travaillèrent à leur défrichement ; que dans le fiècle fuivant, d'autres Bretons émigrans les étant venus joindre , en furent accueillis en parens & amis, mais comme il n'y avoit plus de terrains vacans , les premiers leur en donnèrent aux conditions fusdites.

» Ces refugiés étoient libres & puiffants , & ne furent » point rangés dans la claffe des cultivateurs indigènes qui » étoient ferfs ; ils fe lièrent fimplement par des conventions » franches , fuivant lefquelles ils entreprirent la culture des

» terres en friche, fans en acquérir la propriété, mais à la
» condition expreſſe de jouir, juſqu'au rembourſement, de leurs
» améliorations ; delà cette attention conſervée juſqu'à nos
» jours, dans le protocole des Notaires inférieurs, obſervée
» dans le mémoire préſenté aux commiſſaires à la réformation
» de la coutume de Bretagne en 1580, par les ſièges de
» Carhaix, d'intituler les Convenanciers, dans les titres reſ-
» pectifs aux ſeigneurs, de colons à titre de Convenant
» franch. Daus ces ſiècles barbares la ſervitude du plus grand
» nombre des laboureurs exigeoit une expreſſion diſtinctive
» pour les tenanciers libres. « *Baudouin en ſes inſtitutions*
convenancières, tom. 1. pag. 8.

Ce paſſage de Baudouin, éloigne certainement toute idée
de ſervitude. Cette tenure s'établit ainſi, & fut trouvée ſi
avantageuſe pour les deux contractans, qu'elle s'étendit dans
la ſuite aux terrains déjà en culture, & de ce qui n'étoit
qu'un ſimple uſage, ſe formèrent inſenſiblement les uſemens
locaux, comme ſe ſont formées toutes les coutumes qui ré-
giſſoient les différentes Provinces de France. Ces uſemens
n'ont cependant été rédigés par écrit, que poſtérieurement à
la dernière réformation de la coutume de Bretagne, en 1580.

Ces contracts ont toujours été ſuſceptibles, comme
les ſimples fermes, de toutes les conditions & ſtipulations qui
convenoinet aux contractans ; delà quelques différences dans les
différens uſemens ; mais tous s'accordent en ce que les domaniers n'ont jamais eû aucun droit aux fonds, ni aux bois,
pour leſquels ils n'ont jamais rien débourſé, & que les propriétaires ont toujours eû la faculté de les congédier à l'expiration de leurs baux, ſoit par eux-mêmes, ſoit par leurs

ſubrogés,

fubrogés, en les rembourfant comme dit eft de la valeur de leurs édifices & fuperfices.

Une des ftipulations les plus, ordinaires dans ces contraĉts, étoit l'obligation du preneur de faire un certain nombre de journées de charrois, de chevaux fans attelage & par mains, que l'on a appelé corvées, de forte que les ufemens en ont fait une des charges du domaine congéable ; mais on n'en doit pas conclure que ces corvées annoncent aucune efpèce de fervitude ; elles font appréciées & font partie du prix de la ferme du fonds , comme dans les fermes ordinaires qui , pour la plus part , contiennent des obligations pareilles.

D'après cette explication du domaine congéable & de fon origine, fur laquelle nous ne craignons pas d'être contredits, il eft évident qu'on en a impofé à l'Affemblée Légiflative , quand on lui a dit que cette tenure participoit de la nature des fiefs. On ne peut participer de ce qui n'exifte pas ; le domaine congéable a pris naiffance, comme on vient de le voir, dans le quatrième ou cinquième fiècle, & tout le monde fait que la féodalité ne s'eft introduite que dans le neuvième.

Tout propriétaire de terrain , foit en friche foit en culture, & depuis l'établiffement des fiefs, foit noble foit roturier, fans qu'il fut befoin d'avoir fief, ni aucun principe de fief, a pu depuis 13 ou 1400 ans l'affermer ainfi à titre de domaine congéable, comme il l'auroit pu faire à titre de fimple ferme, & cette faculté n'a pu lui être otée fans une contravention formelle aux droits de l'Homme & du Citoyen.

Si après l'invention funefte de la féodalité , les feigneurs ont fait des conceffions de cette efpèce, ce n'étoit point comme feigneurs de fiefs, ni par un privilège particulier de leurs

B

feigneuries , mais feulement comme tous autres propriétaires ;
il eft même vrai - femblable que la plupart des domaines
congéables dépendant des fiefs y ont été joints par des acqui-
fitions particulières , & n'en font que des annexes ; cette vrai-
femblance paroîtra même une vérité , fi l'on confidère qu'il
étoit beaucoup plus avantageux aux feigneurs de donner les
terres de leurs feigneuries à féage , qu'à domaine congéable ,
parce qu'en afféageant , ils fe ménagoient des droits cafuels
affez fréquens , les rachats & lods & ventes , droits auxquels
il eût fallu renoncer en donnant à domaine congéable , puifque
cette efpèce de tenure n'y étoit point fujette.

La qualité de *feigneurs* fonciers , donnée par tous les ufemens aux propriétaires de domaines congéables , a facilité
peut-être de tromper l'affemblée légiflative ; mais il eft évident
que le mot *feigneur* n'eft là qu'une traduction du mot
dominus , *dominus fundi* , maître , maître du fonds , propriétaire du fonds ; cette dénomination de *feigneur* ne donnoit ni
ne fuppofoit même aucun privilége , ni prérogative , &
n'étoit fondée que fur l'ufage des gens de la campagne
d'appeler ainfi indiftinctement tous ceux à qui ils payoient
quelque redevance , même pour la plus chétive ferme.

Cette erreur en laquelle on a induit l'affemblée légiflative ,
en a cependant fait commettre une autre à la Convention
nationale , qui porte un grand préjudice aux finances de la
république ; c'eft le décret du 29 floréal qui fupprime fans
indemnité les rentes de domaines congéables dépendants des
fiefs ; cette fuppreffion réduit à bien peu de chofe les
biens nationaux acquis à la république par les émigrations
& condamnations dans les départemens de domaines congéables , & par l'extinction du clergé. Il eft certain que les

dix-neuf vingtièmes des propriétés rurales font à ce titre , & plus des trois quarts des revenus des fiefs étoient en domaines congéables , il eſt aifé de calculer ce qu'y perd la république.

Il eſt vrai que la plupart des *feigneurs* de fiefs , abufant de leur pouvoir , avoient affujetti leurs domaines congéables à des droits onéreux de féodalité ; mais c'étoit contre la nature de cette tenure , & le décret du 4 août 1789 , qui avoit fupprimé ces abus , avoit remis ces Domaines à leur véritable place , celle de tous les autres propriétaires fans fiefs ni principés de fiefs.

L'abus des chofes les plus honnêtes & les plus licites n'eſt certainement pas un motif de les profcrire ; car de quoi n'abufe-t-on pas ? Même de la liberté , & nous jurons tous de la défendre jufqu'à la mort !

Si la tenure à Domaine congéable eſt légitime par fa nature , comme on n'en peut plus douter , elle eſt auffi très-avantageufe aux domaniers ; la prédilection des habitans de la campagne pour cette efpèce de bien , en eſt une preuve convaincante , car ils connoiffent leur interrêt mieux que perfonne , & ils l'ont toujours préférée aux fimples fermes ; l'aifance dont jouiffent affez généralement les Domaniers ajoute à cette preuve. On diſtingue dans nos campagnes trois fortes d'habitans , les Domaniers , les fermiers & les journaliers ; on pourroit les comparer , favoir ; les Domaniers à ce qu'on appeloit fous l'ancien régime bourgeois aifés dans les villes ; les fermiers aux artifans & les journaliers à ceux qui , dans les villes n'ayant point de profeffion , n'avoient que leurs bras pour gagner leur vie. Les Domaniers font donc la claffe la plus aifée des campagnes , & ils préféroient les Domaines congéables même aux biens fonds ; cela ne doit pas furprendre ; l'argent qu'ils plaçoient en droits réparatoires , leur produifoit toujours 7 à 8 pour cent d'intérêt , même en les affermant, & 10 à 12 pour cent lorfqu'ils les tenoient eux-mêmes par mains , c'eft ce qu'il nous a été facile de vérifier par les Rôles de l'impôt foncier.

Au lieu que leur argent placé en biens fonds leur procuroit à peine 2 demie à 3 pour cent. Cette prédilection pour les Domaines congéables faifoit auffi qu'on trouvoit difficilement des fermiers pour de grandes métairies , parce que pour les faire valoir avantageufement, il faut pour 10 à 12 mille francs de beftiaux , chevaux & uftenfiles, & qu'un cultivateur qui avoit feulement 4 à 5 mille francs , s'empreffoit d'acquérir des droits réparatoires ; il fe regardoit dès lors comme un véritable propriétaire , & en effet , les droits réparatoires, quoi que meubles refpectivement au propriétaire foncier , comme gage du prix de fa ferme , étoient immeubles refpectivement au Domanier, & en avoient tous les caractères ; leurs femmes y prenoient douaire ; lorfqu'ils les vendoient volontairement , l'acquéreur s'en approprioit comme de biens immeubles , & ils les hypothéquoient valablement. Quelques uns avoient cependant des biens en fonds , mais ils étoient en très - petit nombre.

Le propriétaire y trouvoit auffi un grand avantage , furtout quand fa réfidence étoit éloignée de fes biens ; il étoit exempt de réparations ; les droits réparatoires étant le gage du prix de fa ferme , il ne craignoit pas qu'on lui mît la clef fous la porte, ce qui arrive fouvent dans les fermes ordinaires ; il étoit affuré que fa terre feroit bien cultivée , au lieu que les terres dans les fimples fermes font fouvent négligées & prefque toujours dégradées , quand le propriétaire n'eft pas à portée d'y veiller.

Cette Tenure eſt donc avantageuſe & aux Domaniers &
aux propriétaires, mais elle eſt auſſi bien plus favorable à
l'agriculture que les ſimples fermes ; il ne faut pour s'en
convaincre, que parcourir les campagnes de Domaines congéables, on y diſtingue aiſément celles qui ſont à ce titre
des ſimples fermes ; les prèmières ſont incomparablement
mieux cultivées & mieux entretenues, tant pour les logemens, que pour les foſſés qui ſont bien mieux garnis
de bois courants, les vergers mieux plantés &c. Ce qui
n'eſt pas étonnant, tout cela s'eſtime en congément, & il
eſt de l'intérêt du Domanier d'améliorer continuellement.
C'eſt bien le cas de dire : tant vaut l'homme, tant vaut la
terre. La poſſibilité d'être congédié eſt un aiguillon qui le
force à améliorer ; d'ailleurs il fait auſſi qu'il aura toujours
la préférence pour une nouvelle baillée, s'il eſt honnête &
laborieux, qu'ainſi il travaille pour lui-même ; car il n'eſt
pas de propriétaire qui ne conſerve un fermier qui ſe com-
porte bien.

Nous avons dit que la ſuppreſſion du Domaine congéable
feſoit perdre plus de cent millions à la République ; en effet
ces fortés de biens ſe vendoient au denier 30, 35, & ſſou-
vent 40 ; les voilà hors de vente, car qui voudra acheter
des rentes qui ne ſont plus que des rentes conſtituées ? Les
Domaniers pourront rembourſer à la Nation les rentes de
Domaines nationaux, mais c'eſt une faculté qu'ils ont, ils
n'y ſont pas tenus ; d'ailleurs les Commiſſions n'y ſont pas
compriſes dans ces rembourſemens, & c'eſt une partie conſidérable des revenus en Domaines congéables. Il n'eſt là
queſtion que des Domaines indépendans des fiefs, car quant
à ceux qui en dépendent, nous ſommes perſuadés qu'ils

font un objet de près de deux millions de rente.

Nous avons dit auffi que cette fuppreffion nuiroit néceffai-rement au commerce & à la circulation des grains. En effet le commerce de grains eft prefque le feul dans les cantons de Domaines congéables, le bled eft à peu près la feule denrée qu'on y ait à donner en échange du numéraire. Il eft certain que de tous les temps les fept huitièmes des bleds qui s'en exportoient étoient ceux des rentiers & des décimateurs ; il s'en exporte peu des cantons de la ci-devant Bretagne qui n'ont point de Domaines congéables. Or voici ce qui arrivera lorfque les Domaniers auront rembourfé leurs propriétaires fonciers ; ils n'auront plus de rentes en grains à payer, on fait que les cultivateurs font généralement pareffeux, ils ne sèment guères dans l'état actuel que ce qui eft néceffaire pour leur confommation, & pour payer leurs propriétaires ; mais quand ils n'auront plus de rentes en bleds à payer, ils n'en sèmeront que pour leur fubfiftance ; ils y feront même forcés, & ils y trouveront un grand avantage.

Il y feront forcés, car ils n'ont pas de greniers pour ferrer leur bled & le conferver jufqu'au temps propre à la vente. Qu'on ne dife pas qu'ils en conftruiront ; que l'on calcule la dépenfe de plus de cent mille greniers.

Ils y trouveront un grand avantage, parce qu'il leur fau-dra moins de bras ; ils préféreront de laiffer leurs terres en paturages & de nourrir des beftiaux, cela eft moins pénible & moins couteux, & leur fera autant de profit ; & que de-viendront alors les pauvres journaliers & valets de campa-gnes que la culture des terres nourrit ? Et dans les mauvai-fes années, la difette ne fera-t-elle pas à craindre ?

Nous avons dit encore que les habitans de nos campagnes

regretteront les Domaiees congéables ; leur ufage dans les fucceffions eft que l'ainé garde la tenue , & donne à fes frères & fœurs leur part en argent ; ceux-ci , de cet argent & par des mariages , font bien-tôt en état de fe procurer d'autres tenues , & font toujours ainfi dans l'aifance , au moins quand ils font laborieux & rangés. Mais quand le fonds de leur tenue leur appartiendra , ils tomberont dans la mifère par les divifions & fubdivifions qui iront à l'infini ; nous en avons un exemple dans une paroiffe la plus fertile de ce Département (Crozon) où les congémens fe fefoient rarement , & où ils ont toujours ainfi divifés leurs tenues , de forté qu'aujourd'hui elles le font tellement , qu'ils font quelquefois plus de cent fur une même tenue, qui n'ont qu'un ou deux fillons , ce qui les rend fort miférables ; leur reffource eft la pêche. Ces divifions multipliées font encore une fource de procès. Tel fera cependant le fort de nos cultivateurs qui regretteront alors la tenure convenancière , & en demanderont le rétabliffement.

Tout concourt donc à démontrer qu'indépendament de la juftice il falloit conferver une nature de bien qui leur facilitoit le moyen de faire valoir leur argent à un taux avantageux , & entretenoit la circulation parmi eux.

Mais , a-t-on dit , c'étoit le vœu général des campagnes , & la plupart des cahiers préfentés anx États Généraux demandoient cette fuppreffion ; c'eft comme fi l'on difoit que cette multitude d'adreffes de Municipalités & de Sociétés Populaires , qui ont ofé demander la continuation ou le rétabliffement du fyftême fanguinaire du traître & cruel Roberfpierre , formoit le vœu général de la République.

Non, ce n'étoit pas le vœu général, mais celui de quelques intrigans. Aujourd'hui même , quoi qu'ils femblent profiter pour le moment préſent, tous les domaniers conviennent de l'injuſtice de ce décret de ſuppreſſion. Nous aurons bientôt occaſion de faire connoître une partie des manœuvres qui on été employées pour l'obtenir.

Mais quand il ſeroit auſſi vrai qu'il eſt faux, que c'eut été le vœu général, ce décret de ſuppreſſion, nous oſons le dire, n'en feroit pas plus juſte. L'Aſſemblée conſtituante avoit déjà ſtatué ſur ce prétendu vœu général, & elle ne l'avoit pas fait d'urgence ! Elle avoit examiné ſcrupuleuſement ces demandes, elle avoit conſulté les Départemens de Domaines congéables, & ce n'eſt qu'après une ample diſcuſſion, & avec la plus grande connoiſſance de cauſe, qu'elle avoit rendu le décret des 30 Mai, 1, 6, & 7 Juin 1791. Elle avoit donc reconnu l'injuſtice des prétentions des Domaniers, dont aucune cependant n'étoit ſi exorbitante que le décret des 23 & 27 Août 1792. Comment donc l'Aſſemblée Légiſlative a-t-elle pu, ſans examen, ſans aucune connoiſſance de cauſe, annéantir une Loi rendue avec tant de précautions ?

Mais, a-t-on encore dit, il étoit bien dur pour un pauvre colon de ſe voir congédier du lieu qui l'a vu naître, d'un bien que ſes pères & lui ont amélioré ! Cela peut être vrai, mais eſt-il en cela de pire condition que tous les fermiers du monde ? Ce colon n'ignoroit pas qu'il n'étoit que propriétaire précaire de ſes droits réparatoires, & qu'on avoit la même faculté de le congédier que tout autre fermier ; lorſque lui ou ſes pères ſont entrés dans ce Domaine, ils ſavoient à quelle condition, *volénti non fit injuria* ; ſi on le congédie, ce n'eſt pas ſans une juſte & préalable indemnité ; on lui rembourſe la valeur de ſes édifices & ſuperfices, &

de

de cet argent il acquiert une autre tenue qui lui procure le même intérêt de ſes fonds.

Que l'on compare cette poſition avec celle du malheureux propriétaire que la Loi du 27 Août 1792 dépouille ſans indemnité s'il a un fief, & dont l'indemnité, s'il n'a pas de fief, n'eſt pas du quart, pas même du vingtième peut-être, comme on le verra bien-tôt. Ce propriétaire tenoit cependant de ſes pères, ou avoit acquis à grands frais ſur la foi publique, peut-être ſur la foi du décret du mois de Juin 1791! Et très-certainement ſa propriété étoit très-légitime.

Mais, ajoute-t-on, & c'eſt ici l'objection la plus ſpécieuſe, les ci-devant ſeigneurs de fiefs ſeroient tout auſſi fondés à ſe plaindre de la ſuppreſſion de leurs fiefs, de la ſuppreſſion de tous leurs droits féodaux ſans indemnité. La différence eſt grande; la féodalité a un vice d'origine qu'aucune preſcription n'a pu couvrir; les droits féodaux n'étoient point fondés ſur la liberté des conventions. On ſait que les premiers ſeigneurs de fiefs n'étoient que des uſurpateurs de terres qu'ils n'avoient eues qu'à vie, que l'on nommoit bénéfices ou bienfaits; qu'ils devinrent dans ces terres de petits ſouverains, de petits deſpotes, des tirans, qui impoſoient à ce qu'ils appeloient leurs vaſſaux telles charges que dictoit leur avarice. Telle eſt l'origine des droits féodaux, incompatibles avec la liberté, & que l'on a juſtement proſcrits.

Mais il n'en eſt pas de même de la Tenure convenancière, fondée ſur la liberté des conventions, dont l'origine, nous ne ſaurions trop le répéter, eſt antérieure de pluſieurs ſiècles à l'établiſſement de la féodalité, & excluſive de toute contrainte, de toute ſervitude.

Tout ce que nous avons dit ſuffiroit, ſans doute, pour prou-

C

ver la nécessité de rapporter ce décret des 23 & 27 Août 1791, & de maintenir celui des 30 Mai, 1, 6 & 7 Juin 1791. Mais quelques observations sur les principaux articles de ce funeste décret en rendront encore plus sensible toute l'injustice.

» L'assemblée nationale, après avoir entendu le rapport de » son Comité de Féodalité, considérant que la Tenure connue » dans les Départemens du Morbihan, du Finistère & des Côtes » du Nord, sous les noms de Convenans & Domaines congéa- » bles, participe de la nature des fiefs, & qu'il est instant de » faire jouir les Domaines des avantages de l'abolition du » Régime féodal, décréte qu'il y a *Urgence* «.

Nous avons démontré ci-dessus que la Tenure à Domaine congéable n'étoit qu'une espéce particulière de ferme, & ne pouvoit participer de la nature des fiefs, puisque les fiefs n'ont été établis qu'environ 400 ans après son origine.

Mais pourquoi donc *l'Urgence* dans une matière qui certainement n'intéressoit pas le salut de la Patrie?

C'est ici le lieu d'en faire connoître les motifs, & une partie des manœuvres employées par les intrigans.

Dès les commencemens de 1789, lorsqu'il fut question de nommer des Députés aux Etats-Généraux, quelques ambitieux, qui cherchoient à se procurer les suffrages des cultivateurs qui fesoient la grande majorité parmi les Electeurs, imaginèrent de leur faire naître l'idée de demander la suppression des Domaines congéables. [Cette idée étoit bien singulière après 13 ou 1400 ans sans réclamations.] Parmi ces ambitieux se distingua particulièrement un Magistrat d'une Sénéchaussée du Morbihan; il avoit six mille livres de rentes en droits réparatoires, & c'étoit un coup de fortune, s'il pouvoit y réunir le fonds. Il parcourut les campagnes pour engager les cultivateurs à former cette inique demande, offrant de l'appuyer aux Etats-Généraux, s'il y étoit Député, & parvint ainsi à se faire nommer. Un grand nombre de Domaniers honnêtes s'indignèrent néanmoins de ces propositions : nous n'avons, disoient-ils, acquis que les édifices & superfices de nos tenues, nous n'avons aucun droit aux fonds, ni aux bois, pour lesquels nous n'avons rien déboursé, & il seroit de toute injustice de dépouiller nos propriétaires fonciers. Mais comme la plupart des hommes consultent plus leur intérêt que la justice, la plupart des cahiers contenoient des demandes relatives aux Domaines congéables ; aucun cependant n'alloit aussi loin que le décret du mois d'Août 1792, pas un ne demandoit la propriété du fonds ni des bois qu'on leur a si généreusement accordée. Cependant lors du décret du 4 Août 1789, qui déclara rachetables les rentes censives & féodales, ce Député subtil fit glisser à la rédaction *& Domaniales.* La fraude fut apperçue, & pensa lui occasionner une affaire sérieuse ; il en fut cependant quitte en disant qu'il s'étoit trompé, qu'il avoit cru que c'étoit l'intention de l'Assemblée.

Ce ne fut qu'en 1791, qu'on s'occupa des Domaines congéables ; on connoissoit dans les pays d'usemens toutes les intrigues des ambitieux, & notament de ce Député, qui ne craignit pas de dire à l'Assemblée que les Domaniers se révolteroient, si on ne leur donnoit la propriété de leurs Domaines, ce qui assurément étoit de toute fausseté ; qui après avoir coloré de zèle du bien public, celui qui l'animoit en faveur des Domaniers, eût l'impudence de dire à la Tribune qu'il parloit contre son intérêt, puisqu'il avoit six mille livres de rente en Domaines congéables ; malheureusement pour son amour propre, un de ses collègues qui le connoissoit, le releva, démasqua l'imposture & fit connoître à l'Assemblée que ces 6000 livres de rente étoient en Domaines passifs, c'est-à-dire en droits réparatoires auxquels il paroissoit vouloir réunir le fonds à peu de frais; il en fut encore pour sa courte honte.

Quoi qu'il en soit, les propriétaires prirent l'alarme, & comme ils n'ignoroient pas qu'il étoit d'autant plus aisé de surprendre l'Assemblée constituante, que la Tenure convenancière étoit tout à fait étrangère à la plupart des Députés, ils firent parvenir de tous côtés des adresses & mémoires, dans lesquels en faisant connoître ce que c'étoit que le Domaine congéable, & ses avantages pour tout le monde, il leur fut aisé de prouver qu'on cherchoit à tromper nos Représentans, & que bien loin de supprimer les Domaines congéables, il eut été avantageux que cette Tenure se fut propagée dans toute la France.

L'assemblée nationale trouva la matière assez importante pour ne pas se décider légèrement; après quelques discussions, les trois Départemens de Domaines congéables furent consultés. Enfin en très - grande connoissance de cause, & après avoir entendu ses Comités de féodalité, Constitution, des Domaines, de Commerce & d'Agriculture, elle rendit le décret des 30 Mai, 1, 6 & 7 Juin 1791, qui en abolissant les usemens, en ce qu'ils peuvent avoir d'onéreux, maintient la Tenure convenancière ou à Domaine congéable. Ce décret est très - sage, tous les articles sont fondés sur la Liberté sacrée & inviolable des Citoyens dans leurs conventions; c'est pour ainsi dire un dévelopement de l'article 16 de la Déclaration des droits de l'Homme & du Citoyen

Il donnoit cependant de grands avantages aux Domaniers, mais tout le monde fut content.

Il n'y eût que ce même Député qui n'y trouva pas son objet principal ; il ne se tint pas pour battu, il demeura intriguer à Paris tout le temps de l'Assemblée législative. Dans un moment où la Patrie parut en danger, il écrivoit en son pays : il faut accorder tout *aux paysans*, [ce sont ses termes,] nous n'avons plus de ressource qu'en eux.

Il étoit cependant difficile de faire réformer une Loi aussi mûrement, & aussi solemnellement délibérée que celle du mois de Juin 1791 ; s'il s'ouvroit une discussion, les propriétaires en auroient eû connoissance, & comme en 1791, ils auroient par des mémoires éclairé l'Assemblée Législative. Il falloit donc agir clandestinement pour ainsi dire, & tandis que les propriétaires se reposoient tranquillement sur la foi d'une Loi rendue en quelque façon contradictoirement entre tous les intéressés, un rapporteur induit en erreur surprend un décret d'urgence, sous prétexte de féodalité.

Qui croira cependant que, si la Tenure convenancière avoit participé en quoi que ce soit de la féodalité, les quatre Comités réunis de féodalité, Constitution, Domaines, de Commerce & d'Agriculture ne s'en seroient pas apperçûs ?

Nous demanderons encore laquelle est la meilleure, & mérite le plus l'assentiment général de deux Loix rendues sur le même objet, d'ont l'une a été solemnellement discutée, & mûrement délibérée par des Législateurs qui en ont pris une connoissance scrupuleuse, & dont l'autre a été surprise à des Législateurs qui y sont tout à fait étrangers, & qui n'ont rien approfondi ?

ARTICLE I.

» La Tenure convenancière ou à Domaine congéable est
» abolie ; les coutumes locales qui régissent cette Tenure sous
» le nom d'usemens sont abrogées ; en conséquence les ci-
» devant Domaniers sont & demeurent propriétaires incom-
» mutables du fonds, comme des édifices & superfices de
» leurs tenues «.

Quelle générosité ! Les Domaniers n'avoient jamais été propriétaires incommutables de leur édifices & superfices, puisqu'on avoit le droit de les rembourser à l'échéance de leurs
baux ; n'ayant jamais rien déboursé pour le fonds, ils n'y
avoient pas plus de droit que les simples fermiers sur le
fonds de leurs métairies ; c'est donc une véritable confisca-
tion de la part de l'Assemblée législative, pour faire un don
aux Domaniers ; mais de quel droit ?

Avoit-elle plus le pouvoir de déclarer ces Domaniers
propriétaires incommutables du fonds de leurs tenues, dont
ils n'ont jamais acquis la moindre portion, & de leurs droits
réparatoires qu'ils n'ont acquis qu'à réméré ou rachat perpétuel, qu'elle n'en auroit eû de nous déclarer propriétaires
incommutables de leurs droits réparatoires, comme nous l'é-
tions véritablement du fonds ?

L'article 19 de la Déclaration des droits de l'Homme &
du Citoyen porte que » nul ne peut être privé de la
» moindre portion de sa propriété sans son consentement,
» si ce n'est lorsque la nécessité publique légalement consta-
» tée l'exige, & sans la condition d'une juste & préalable
» indemnité ».

Où étoit donc la nécessité publique qui exigeoit qu'on nous prive de nos propriétés , pour en gratifier d'autres individus comme nous ? En revenoit-il quelque profit à la chose publique ? Nous avons fait voir qu'au contraire ce funeste décret lui fait perdre plus de cent millions.

Mais suppofons pour un moment qu'il y eut nécessité publique , quel moyen légal a-t-on pris pour la constater ? Est-ce en décrètant *l'Urgence* , pour dérober aux propriétaires qu'on tramoit leur ruine ?

Un Citoyen libre que l'on veut priver de la moindre portion de sa propriété , sous prétexte d'une nécessité publique , a incontestablement le droit de prouver que cette nécessité n'exifte pas , fans quoi il n'est pas vrai qu'il foit libre ; que fera-ce donc fi on veut le dépouiller en faveur d'un autre Citoyen comme lui ? Cette loi est donc , nous ofons le dire , une violation évidente de l'article 19 de la Déclaration des droits de l'Homme & du Citoyen, & nous en demandons juftice.

Ce même article 19 exige auffi la condition d'une jufte & préalable indemnité ; nous ferons voir fur les articles fuivants , combien il s'en faut que les propriétaires foient fuffifament indemnifés.

ARTICLE II.

» Il ne fera fait à l'avenir aucune conceffion à pareil
» titre ; celles qui feroient faites ne vaudront que comme
» fimples arrentemens. L'entière propriété des terres ainfi
» concédées, appartiendra aux conceffionaires , avec la faculté
» perpétuelle de racheter les rentes.

Comment concilier cet article avec l'article 4 de Déclaration des droits de l'Homme qui porte que » la Loi ne » peut ordonner que ce qui eſt juſte & utile à la ſociété, & » ne peut défendre que ce qui lui eſt nuiſible ? «.

Nous avons démontré ci - devant, que la Tenure convenancière, loin d'être nuiſible à la ſociété, lui étoit au contraire très - utile & très - avantageuſe.

Cet article 2 annéantit auſſi l'article 16 des droits de l'Homme qui porte que » le droit de propriété eſt celui » qui appartient à tout Citoyen de jouir & diſpoſer à ſon » gré de ſes biens, de ſes revenus, des fruits de ſon travail » & de ſon induſtrie «.

ARTICLE III.

» Dans les conceſſions précédemment faites, les droits de » congément, baillées, commiſſions & nouveautés, & le » droit de lods & ventes qui ne ſeroient point expreſſément » ſtipulés dans le titre primitif de conceſſion, ſont abolis » ſans indemnité «.

L'uſement de Rohan étoit le ſeul où la vente volontaire des édifices & ſuperficies donnât lieu aux lods & ventes, & cet uſement étoit aboli par le décret du mois de Juin 1791 ; ce droit au reſte n'étoit pas féodal, puiſque tout propriétaire foncier, quoique ſans fief ni principe de fief, en jouiſſoit.

A l'egard des droits de congément, baillées, commiſſions & nouveautés, ils feſoient partie, & ſouvent la plus conſidérable, du revenu des propriétaires, puiſque, comme on l'a dit, le prix de la ferme du fonds étoit toujours modique à cauſe de ces droits, & aux termes des droits de l'Homme, aucune puiſſance n'avoit le droit de les en dépouiller.

ART. V.

ARTICLE V.

» Tous les arbres fruitiers, tels que pommiers, châtai-
» gniers, noyers & autres de même nature, soit qu'ils exis-
» tent en rabines, avenues ou bosquets, les bois appelés
» courants ou puinais, les taillis même, les bois de futaie
» de toute espèce étant sur les fossés ou dans les clôtures des
» terres mises en valeur, sont déclarés appartenir en toute
» propriété aux ci-devant Domaniers.

Les Domaniers ont acquis & payé les arbres fruitiers, &
le droit d'en planter à leur profit, dans leurs clôtures, les
bois courants & puinais, ainsi que les émondés des bois de
futaie sur leurs fossés & en dedans d'iceux ; mais les châtaigniers & noyers n'ont jamais été rangés dans la classe
des fruitiers ; ce sont des bois de futaie, & propres à merrain,
compris dans la reserve des propriétaires, comme bois
fonciers, & pour lesquels, on le répète, les Domaniers n'ont
jamais rien déboursé. On appelle arbres fruitiers, ceux dont
le fruit n'est pas la graine même, comme pommiers, poiriers,
coignassiers, pruniers, cerisiers, pêchers, abricotiers, dont on
mange la chair, & on sème les pepins, les noyaux ; & l'on
nomme arbres de futaie, & propres à merrain, ceux dont le fruit
est la graine même, comme les chênes, hêtres, châtaigniers,
noyers, pins, sapins, ifs, peupliers, &c. dont on ne peut
manger que la graine ; c'est ce qu'on a toujours appellé bois
fonciers, dont les Domaniers n'avoient que les émondes,
lorsqu'il s'en trouvoit sur leurs fossés & en dedans d'iceux,
sans pouvoir les couper par pieds ; & lorsque ces arbres se
trouvoient hors des clôtures, soit en avenues, soit en bosquets

ou iſolés, ils appartenoient entièrement aux propriétaires, &
il n'y a qu'un abus d'autorité le plus condamnable qui ait pu
les en dépouiller, pour en gratifier leurs fermiers.

ARTICLES VI ET VII.

Ces articles portent qu'à « la réquiſition de l'une des parties,
» les bois de futaie, tels que chênes, ormeaux, hêtres,
» ſapins & autres de même nature, qui ſe trouveront ſoit
» en ſemis, ou exiſtans en rabines, avenues ou boſquets,
» hors des clôtures des terres en valeur, feront eſtimés par
» experts, ſur le pied de leur valeur, à l'époque de leur
» eſtimation, & les Domaniers ne feront pas obligés de
» paye de ſuite, ils payeront ſeulement l'intérêt du prix de
» l'eſtimation au denier-vingt, ſur lequel encore ils retiendront
» l'impôt foncier, juſqu'au rembourſement qu'ils ne feront
» que lorſque bon leur ſemblera ».

Quelle injuſtice! Quoi, on nous force à vendre, à un prix
arbitraire & à crédit, une propriété qui nous a peut-être
coûté le double, & que nous avons payée comptant! Et c'eſt
ſous le règne de la liberté, de l'égalité !

Sur tout ce qui concerne les bois dans ce décret, nous
obſerverons que depuis long-temps on ſe plaignoit de la
diſette des bois, tant de conſtruction que de chauffage ; la
grande conſommation que les circonſtances actuelles occaſion-
nent, en opèrent à peu-près la deſtruction ; mais nous oſons
aſſurer que, par ce décret, l'aſſemblée légiſlative en tarit la
ſource. Nos cultivateurs veulent jouir ; ils planteront bien
des bois courants qu'ils eſpèrent couper eux-mêmes, mais ils ne
planteront pas pour leur poſtérité ; les plantations coûtent
beaucoup, & jamais ils ne ſe livreront à cette dépenſe.

Ceci eſt d'expérience ; nous en connoiſſons pluſieurs qui ont depuis long-temps des terres en fonds, & pas un ne plante ; auſſi paſſoit-il en proverbe, que le payſan eſt ennemi du bois.

Quel funèſte avenir pour un pays où il y a tant de ports de mer !

ARTICLE XI.

» Il ſera libre aux ci-devant Domaniers de rachéter leur
» redevance convenancière ; & ſoit avant ſoit après ce rachat,
» ils pourront racheter auſſi les rentes ſuzeraines ou chef-rentes
» dues ſur leur Tenues.

Et ſuivant l'article XV ces rembourſemens ſe feront au denier-vignt pour les rentes en argent, & au denier-vingt-cinq pour les rentes en grains & denrées.

Y a-t-on bien refléchi quand on a porté une pareille loi ? n'en a-t-on point apperçu l'iniquité ?

Que diroit-on d'une loi qui autoriſeroit les locataires des maiſons dans les villes, à rembourſer aux propriétaires de ces maiſons, le capital de leur loyer au denier-vingt ? On crieroit ſans doute, à l'oppreſſion, à la tyrannie. Eh bien ! cette loi ſeroit beaucoup moins inique que celle dont nous nous plaignons. En effet les propriétaires de maiſons ainſi rembourſés, en plaçant leur argent à conſtitut, en retireroient le même intérêt ; & comme ils auroient la faculté de ſtipuler la non-retenue d'aucune impoſition, ils gagneroient l'impôt foncier, ils gagneroient en outre les réparations, & ne craindroient plus les incendies ; au lieu que les malheureux propriétaires fonciers perdent preſque tout, en voici la preuve.

Un père de famille, des fruits de ſon travail & de ſon induſtrie, a acquis neuf grandes Tenues qui ne lui payent chacune que 30 livres par an en argent, mais comme le terrain en eſt conſidérable, chacune d'elles renouvelle ſa baillée tous les 9 ans, & lui paye 1,200 livres de commiſſion; l'échéance de chaque baillée eſt telle que tous les ans il en perçoit une. Voilà bien un revenu de 1,470 livres, qui au denier-trente, comme ſe vendoient couramment les biens de cette eſpèce, & ſouvent au délà, fait un capital de 44,100 livres; il y en a en outre ſur les foſſés & clôtures de chacune de ces Tenues, pour 3000 livres de bois fonciers qu'il a payés, cela fait un total de 71,100 livres; les lods & ventes, frais de contrats & appropriment lui ont coûté près de 9000 livres; voilà donc une acquiſition de 80,000 livres.

Eh bien! par cette loi du mois d'août 1792, on va le rembourſer de la totalité avec 5,400 livres.

Vous fremiſſez, nous le voyons, citoyens Repréſentans, à la vue d'un pareil tableau! Telle eſt cependant notre poſition, telle eſt celle de tous les propriétaires fonciers, un peu plus, ou un peu moins; croira-t-on que ce ſont des républicains, des hommes libres, des patriotes qui ſont ainſi traités? Si encore ce dépouillement avoit été au profit de la république! Ils ont fait voir qu'aucun genre de ſacrifice ne leur coûtoit; mais on s'empare de leur bien, pour en gratifier des individus qui ont été abſolument nuls dans la révolution, & à qui ſeuls néanmoins elle a profité juſqu'à préſent! Les ſuppreſſions des fouages, des dixmes, de la ſuite de Moulins, des corvées de grands chemins, & à préſent des rentes ſuzeraines ou chef-rentes ſans indemnité, ſont à leur ſeul profit. Ces cinq objets ſeuls, pour une Tenue de 6000 livres, valent au moins 200 livres par an. Nous ne parlons pas du prix des denrées qu'eux seuls nous fourniffent, dont ils ont quadruplé le prix, & même fextuplé pour bien des objets.

Ne croyez pas, citoyens Repréfentans, qu'il n'y eût que des ci-devant feigneurs, des ci-devant nobles, même des gens riches, qui euffent des Domaines congéables ; vous pourriez le penfer d'après l'affectation avec laquelle on n'a qualifié les propriétaires que de *ci-devant feigneurs*, dans cette loi du mois d'août 1792, en fupprimant le mot *fonciers*. Nous avons donné plus haut le véritable fens de l'expreffion *feigneurs fonciers* ; l'affemblée conftituante avoit bien apprecié cette dénomination, car dans fon décret du mois de juin 1791, elle ne les qualifie que de propriétaires fonciers.

Les dix-neuf vingtièmes des propriétés rurales font, comme nous l'avons déjà dit, en Domaines congéables, & les trois quarts au moins appartiennent à ce qu'on appeloit ci-devant des roturiers, à de petits propriétaires, à cette claffe qui a tout facrifié pour la révolution, en un mot à de véritables patriotes ; après avoir perdu des états qui aidoient à leur fubfiftance & celle de leurs familles, il leur reftoit un modique revenu prefque tout en Domaines congéables, le voilà anéanti, qu'elle peut-être leur reffource ?

ARTICLE XVIII.

» Il ne pourra être prétendu, fous prétexte de partage
» confommé, ni par les perfonnes qui ont ci-devant acquis
» des particuliers, par vente, ou autre titre équipolent
» à la vente, des droits abolis ou fupprimés par le préfent
» décret, aucune indemnité ni reftitution de prix.

Deux frères ont partagé au mois de juillet 1792, une

ſucceſſion 1000 écus de rente, moitié en métairie, & moitié en Domaines congéables ; l'un a dans ſa lotie toutes les métairies, l'autre tous les Domaines ; le décret ſe rend au mois d'août, le premier a de quoi vivre, le ſecond eſt à la mendicité.

Un propriétaire, averti peut-être du décret qu'on alloit rendre, vend ſes Domaines congéables au mois de juillet 1792, ou les échange pour des métairies, & voilà un acquéreur ruiné.

Nous laiſſons a réfléchir ſur l'injuſtice de cet article, qu'on a cependant bien reconnue puiſque, par l'artticle XIX qui eſt le dernier, on permet aux adjudicataires de Domaines congéables nationaux de renoncer à leur adjudication, & de ſe faire reſtituer le prix qu'ils en auront payé.

Nous finirons par une obſervation importante. Si les bois fonciers, & le fonds de nos Domaines ne nous appartenoient pas, comment pourroient-ils appartenir aux Domaniers actuels, qui pour la plûpart ne poſſèdent leurs droits réparatoires, que par des congémens qu'ils ont exercés, en vertu de baillées que nous leur avons accordées depuis peu d'années, dans leſquels congémens ni le fonds ni les bois n'ont entré en eſtimation ? Neſt-il pas évident que ceux ſur qui ils ont exercé ces congémens, y auroient plus de droits qu'eux, & ainſi en remontant juſqu'aux premiers conceſſionnaires qui les excluroient tous ?

Mais ſi le fonds, ſi les bois nous appartenoient, comme nous l'avons démontré, ce décret eſt une véritable confiſcation, une violation de propriété que le deſpote le plus abſolu n'auroit oſé ſe permettre, contre leſquelles nous ne ceſſeront de réclamer.

Nous ofons nous flatter d'avoir rempli notre tâche ; nous avons fait voir que la Tenure convenancière n'étoit qu'une efpèce particulière de ferme ; que fon origine n'étoit infectée d'aucun vice de contrainte ni de fervitude ; qu'elle étoit fondée fur la liberté facrée & inviolable des conventions ; & qu'on avoit trompé l'affemblée légiflative quand on lui a dit que cette Tenure participoit de la nature des fiefs. Nous avons auffi démontré qu'elle étoit très-avantageufe aux Domaniers, & plus favorable à l'agriculture que les fimples fermes; que fa fuppreffion étoit très-préjudiciable aux finances de la république, & lui feroit perdre plus de 100 millions ; qu'elle nuiroit néceffairement au commerce & à la circulation des grains ; & que les habitans de nos campagnes la regretteront; enfin que ce déret des 23 & 27 août 1792, eft une violation de propriété, & une contravention formelle aux articles IV XVI & XIX des Droits de l'homme & du citoyen.

Il ne nous refte, citoyens répréfentans, qu'à réclamer votre juftice, elle eft à l'ordre du jour & nous nous flattons de l'obtenir; vous ne foufffrirez pas que, tandis que toute la france applaudit à vos glorieux travaux, bénit l'heureufe-révolution qui l'a erndue à la liberté, & lui prépare les plus heureufes deftinées, vous ne foufffrirez pas que nous malheureux petits propriétaires reftions feuls dans l'oppreffion, pour unique fruit de notre zèle & de notre patriotifme.

Vous vous ferez rendre compte de la loi du 30 mai, 1, 6 & 7 juin 1791 ; de celle des 23 & 27 août 1792 ; vous les comparerez, vous reconnoîtrez la fageffe, l'équité, & les avantages de la première, dont vous ordonnerez l'exécution; & vous rapporterez celle du mois d'août 1792, dont

l'immoralité & l'injuftice font évidentes. C'eft à quoi nou
concluons avec confiance.

Signé, Fabre. Vinoc. Le Bouteiller. Le Baftard. Pananceau
Terrien. J. L. N. Capitaine. F. J. Le Dean. Deredec. Valéntin
J. J. Le Breton. A. Kernafflen. L. M. Bonet. Laridon. Le Siner
Lebefcond. Crechquerault. Le Corvaifier. Debon. E Berard
notable. Huraut. Leguillou. Kerourein Huchet. René Bolloré
Peton. Eloury, aîné. J. Eloury. Hernio, oncle. Duppont
Vacherot. J. A. Bonnemaifon, *notable*. Frollo Colomb. Com
pagnon. Rannou. J. B. Cajan. Pennec. Girard. Frollo. Efly
Billette Querouel. Cochois. Toüzé. Garim. Bonnaire. J. M.
Cavellier. Watremez. Armenou. Cavellier, le jeune. Mermet
notable. Billiart. N. Le Gendre, *notable*. Becam. J. Barbe.
Carichon. Girbon. Guichoux, veuve Boucher. Brindejonc,
Receveur de l'Enregiftrement. Veuve Sevene. F. Marquer.
Doucin. Deléclufe, fils. Lafourcade. J. M. Le Gendre, aîné.
Rabot. L. M. Tahon. Daniel. Berard, aîné. Piriou, *Ex-avoué*.
Richecœur. J. C. Fleuriot. Guefdon La Potterie. N. Gaillard.
J. J. P. Daniel. Le Guillou. Bourbria. Coriou. Huard. Veilhers.
Le Corre. Paris. Renoüar. Golias. Téurtrois, cadet. Audouym
Keriner. M. J. Janjacquer, femme Féré. Le Gendre, veuve
Coffoul. Dufeigna. Lefné. Guefdon Kermoizan. Toulgoet.
Clouet. Girard, fils. Duval La Potterie, Ledall Keron. Rouffin.
Y. J. L. Derrien.

A Quimper, de l'imprimerie d'Y. J. L. DERRIEN.

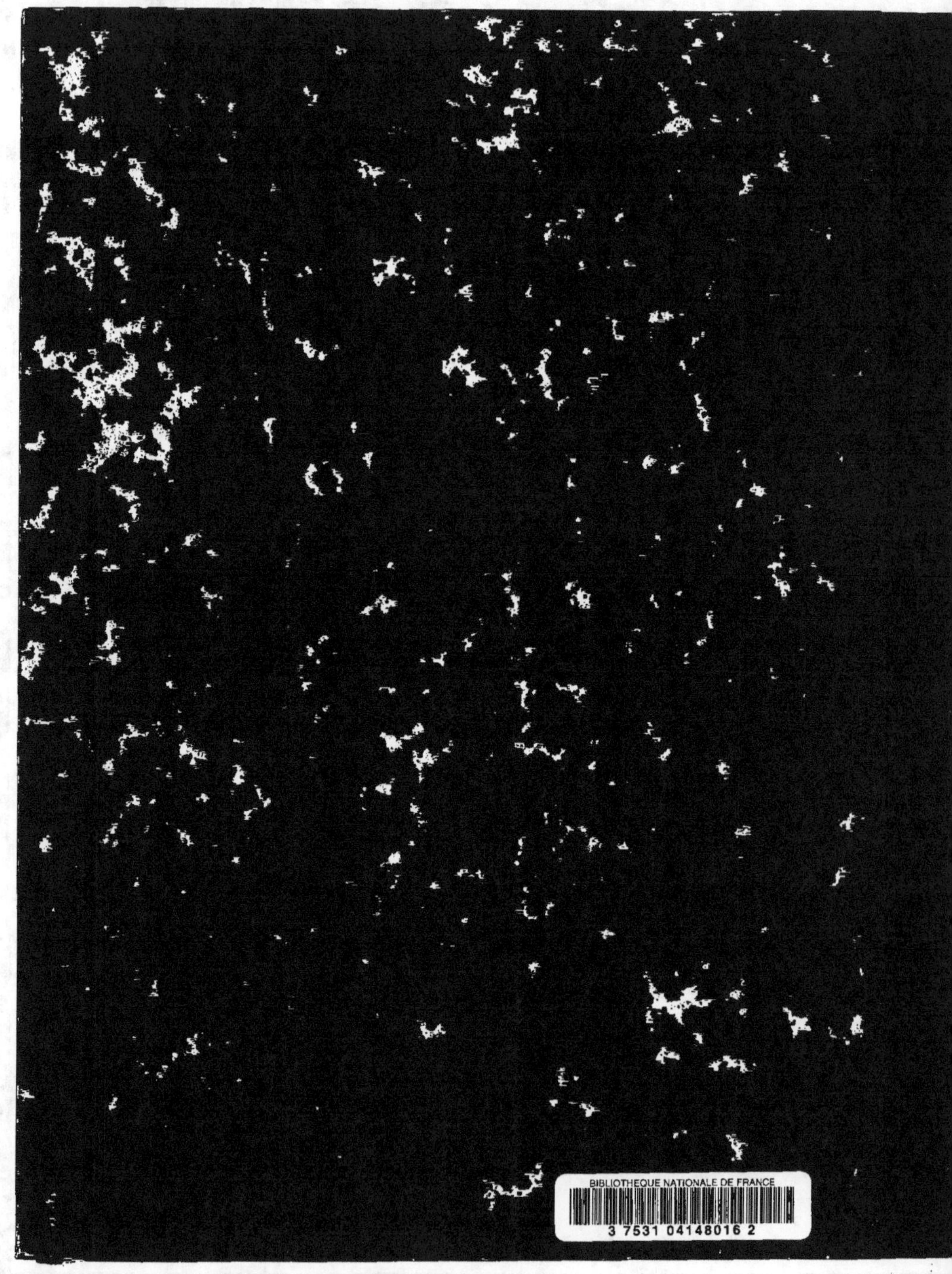